'나를 위해 더 많이 웃고,
더 많이 사랑하세요!'

괜찮아, 충분히 잘하고 있어

조안쌤과 함께 하는 긍정확언 필사 100일 챌린지

괜찮아,
충분히 잘하고 있어

조안쌤 (김정미) 지음
사진 : 김훈
영작문 : 백영미

다온북스
DAON BOOKS

추천사

오늘날 우리는 무한 경쟁의 현대사회에서 자기계발 서적들을 읽으면서 삶을 살아가는 동기와 동력을 부여받고자 한다. 이를 통해 긍정적인 습관을 만들어 매일 매일의 삶을 충실하게 이끌고, 행복감을 느끼며 성공을 향해 나아간다. 자기계발서 다수 저자인 조안쌤의 『괜찮아, 충분히 잘하고 있어』(부제: 조안쌤과 함께하는 긍정확언 필사 100일 챌린지)는 스스로에게 묻고, 대화하고, 격려하면서 자기 자신을 변화시켜 볼 수 있는 책이다. 긍정확언 필사 챌린지를 실천하면서 매일 꾸준하게 나와 대화하고 긍정적 습관을 만들다 보면 내면근력, 마음근력, 감정근력이 나도 모르게 자라나 자기애와 자존심이 성장하였음을 느낄 수 있을 것이다.

포항 유성여자고등학교
남미란 교장 선생님

4

청소년들에게 있어 자신의 소중함을 인식하고, 삶에 있어 열정과 도전정신을 함양하며, 꿈을 실현해 나갈 수 있도록 자신감을 발산하게 하는 지침서입니다. 또한 긍정의 힘을 통해 남을 배려하고 상대를 존중하며 감사한 마음을 갖게 하는 조안쌤의 탁월한 가르침입니다.

포항 영일고등학교
김규완 교장 선생님

바닥까지 떨어졌던 나를
일으켜 세웠던 건 이것이었습니다

'1인 기업 CEO' 초년생으로 서툴렀었던 시절, 꼼꼼하게 확인하며 제대로 챙기지 않았었던 행정적인 실수와 사람관리에 대한 미숙함은 나를 세 번의 쓰나미를 겪게 했습니다. '그것이 아니었다'고 합리화를 시키려 하면 할수록 더 깊은 수렁으로 빠지는 결과를 초래하였습니다. 힘듦의 무게가 깊어지면 깊어질수록 '내안의 나'는 삶에 대한 끈을 더 강하게 잡아야 했습니다. 지하 10층의 밑바닥까지 사정없이 떨어져 내려가는 상황 속에서도 '나는 나를 사랑해. 이대로 포기할 수 없어. 이게 나의 끝이 되게 할 수 없어'라는 강한 의지는 나의 중심을 잡아주는 축이 되었습니다. 모든 시련에는 이유가 있을 것이라는 걸 잘 알았기에 난 그 쓰나미를 사랑하기로 했습니다.

'내 삶의 정지'라는 시간을 통해 바쁘다는 이유로 놓치고 있었던 건 없었는지를 살피게 되었고, 내적 그릇도 간만에 뽀득뽀득 닦는 일에 집중할 수 있었습니다. 그 여정에 나를 인정해 주고 아껴주는 메시지인 '긍정확언'이 함께 했습니다.

> "난 말이야, 두루 뭉실한 돌보다는 모난 돌을 더 선호하는 편이야. 모가 났다는 것은 자기만의 스타일이 있다는 거고, 자기만의 생각이 있다는 거니까. 그런 게 세상과 부딪치면서 점점 자기 모양새를 찾아가는 것을 좋아하지. 그냥 세상 두루 뭉술 재미없게 말고 엣지있게 자기의 철학, 자기의 신념이란 걸 담아서 자기의 모양새로 말야"
>
> 〈낭만닥터 김사부〉 중에서

어쩌면 본연의 나는 '모난 돌'이었는지도 모릅니다. 내 삶에 대한 비전이 지나치리만치 확고했던 나, 내가 원하는 그림을 그려가기 위해 생각하고 행동했던 것들 중에 일부는 누군가에게 모난 돌이 되어 상처를 줄 수 있었겠다는 생각을 해봅니다. 세상을 살다보면 나의 의도와는 다르게 일이 진행되어 갈 때가 있는 건 다반사고, 나의 진정성과는 상반되게 상대를 불편하게 할 때가 많습니다. 더욱 안타까운 건 이런 사실조차 인지를 못하고 살아간다는 것입니다. 한없이 겸손해야 하고, 뜨겁게 감사를 하며 살아야하는 이유가 바로 여기에 있다고 생각합니다. 지구상에 생존하는 모든 생명체들에게 감사함을 전하고 싶습니다.

이 책은 제1장 '자기 확신', 제2장 '실행력', 제3장 '셀프 브랜딩', 제4장 '긍정

마인드', 제5장 '나 사랑법' 총 5개의 키워드로 구성이 되었습니다.

목표대로 실행해가는 데 있어서 두려움과 의심이라는 정신 요소는 훼방꾼으로 자주 등장합니다. 이때마다 나를 지탱해줄 수 있는 건 '자기 확신'입니다. 나에 대해 철저히 믿어야 하고, 이 믿음으로 실행력을 행사하다 보면 어느덧 나의 정체성은 내가 원하는 모습대로 만들어지게 됩니다. 이것이 셀프 브랜딩의 과정입니다. 매순간 순간 선택의 기로에 설 때 우리는 의식적으로 긍정 에너지를 동원해야 하고, 이러한 일들이 쉼 없이 반복이 되었을 때 진정으로 나를 사랑할 수 있게 됩니다. 나를 사랑할 수 있을 때 자존감도 향상되고, 결국 우리가 원하는 삶을 살아갈 수 있게 되는 것입니다. 남의 인생이 아닌 나의 인생을 살아야 합니다. 매일하는 '긍정확언'으로 삶에 자신감을 가져 봅시다. 당신의 삶에도 분명 변화가 있으리라 믿습니다.

'긍정확언하기 과정'은 이렇게 합니다!

나에게 보내는 마음의 비타민, 긍정확언하기를 매일 실천해 볼 것을 당부합니다.

간절히 정성을 다해 마치 그렇게 된 것처럼 에너지를 집중해서 나에게 크게 이야기 해 줍시다. 내 안의 좋은 모습은 뜨겁게 칭찬해 주고, 부족한 모습은 나의 소망을 담아 미래에 그런 모습이 되어 있을 거라 생각하고 미리 나에게 불러 줍시다.

나에게 말하면서 필사까지 병행하면 그 효과는 배가 될 것입니다. 양자물리학에 의하면 언어의 파동이 내가 처한 환경의 에너지를 동원해서 나에게 유리하게 작용하게끔 도와준다고 합니다.

똑같은 문장을 따라 쓰면서 필사해도 좋고 자신의 상황에 맞는 문장으로 바꿔 적어도 좋습니다. 꾸준함을 보일 수 있을 때 나의 내면도 근력이 생기게 됩니다. 100일 필사를 성공한 여러분들이 환하게 웃는 모습을 그려 봅니다.

2023년 가을이 오는 문턱에서
조안쌤

차 례

'넘어져도 툭툭 털고
일어날 수 있는 힘을 가진 나'

_____

1장

자기 확신을 가져라

나의 생각을 잘 다스릴 수 있어야 합니다. 여러분들은 평소 자신에게 어떤 말을 주로 많이 보내고 있는가요?

'이게 과연 될까?', '내가 그럼 그렇지. 무슨 부귀영화를 보겠다고', '아이고… 내 팔자야…'

타인에게는 한없이 관대하고, 너그러우며 사랑을 듬뿍 주고 있는 여러분! 정작 우리 자신에겐 너무 인색한 건 아닌지… 내 안에 일어나는 생각들을 귀히 여기고, 그것을 존중하며, 또 마땅히 생각하는 대로 되리라 믿어준다면 우리는 좀 더 충만한 삶을 살 수가 있습니다.

나는 내가 생각하고 믿는 것은 무엇이든 이룰 수 있으며 또 이루어
진다고 확신하는 사람이다.

*I am a person who believes that I can achieve anything
I think and believe in, and I am confident that it will
come true.*

쓰고 담기

문제가 생기는 데에는 반드시 원인이 있게 마련입니다. 벌어진 상황에 대해서 직시하고 인정하려는 자세는 절대적으로 필요합니다.

문제의 상황을 솔직히 받아들이고, 기본에서 다시 시작하려 한다면 반드시 해결이 됩니다. 때론 단순한 논리가 답일 때가 있습니다. '해결한다'는 생각만 하고 그것에 집중하다보면 환경 또한 그 에너지에 따라오게 됩니다. 문제해결에 대한 자신감을 가져보는 겁니다.

나는 어려운 문제가 생기면 '해결된다'는 생각만 하며 해결되도록
노력하는 사람이다.

*When a challenge arises, I am a person who thinks that it
can be resolved and makes efforts to solve it.*

쓰고 답기

내 안에 있는 거인을 깨워야 합니다. 그는 우리가 상상하는 그 이상의 초월적인 힘을 가지고 있습니다. 그 힘의 20%도 써 보지 못한 채 삶을 마감하는 이들이 많습니다. 그 힘을 제대로 쓰기 위해서는 나를 둘러싸고 있는 안전지대에서 벗어나야 합니다.

진정한 '변화'는 내가 처한 위치에서 벗어나오는 데서부터 시작됩니다.

나는 어떤 일도 해낼 수 있는 무한한 잠재력을 가지고 있는 사람이다.

I am a person with unlimited potential to achieve anything.

쓰고 담기

....

....

....

....

....

....

....

....

'이 지구상에 나를 도와주고 지켜봐 주는 이가 아무도 없다'라고 생각하면
두려워질 수 있습니다. 믿으십시오. 철저히! 내 삶이 나를 보살피고 있다
는 것을!

나는 숨쉬기조차 힘든 상황에서도 삶이 나를 보살필 것이라 믿는 사람이다.

I am a person who believes that life will take care of me even in the most difficult situations where even breathing feels challenging.

✎ 쓰고 담기

....

....

....

....

....

....

....

....

내 삶에 대해서 '성장과 변화'만 선택하는 순간 내 삶은 그 두 개의 키워드만 제시하게 됩니다. 내 삶이잖아요? 끊임없이 성장하고 변화해가는 내 자신을 보게 되면 그저 감사함이 넘쳐나게 됩니다. 오늘도 그 감사 안에서 하루를 마감할 수 있기를 바래봅니다.

나는 나에게 '성장과 변화'의 길만 있다는 것을 아는 사람이다.

I am a person who knows that there is only a path of 'growth and change' for myself.

쓰고 담기

내 안에는 소원을 들어주는 착한 거인이 삽니다. 그 거인의 존재를 알게 되기까지 참으로 오랜 시간이 걸렸던 것 같습니다. 이제라도 알게 되었으니 얼마나 감사한 일입니까?

여러분 안에도 착한 거인이 있다는 거, 아시죠?

나는 내 안에 엄청난 거인이 있다는 것을 아는 사람이다. 그 거인은 나의 목소리에 진심을 다해 반응한다. 나는 긍정의 소유자다.

I am a person who knows that there is a tremendous giant within me. This giant wholeheartedly responds to my voice. I am the owner of positivity.

쓰고 담기

삶에 대한 두려움은 누가 만드는 것일까요?

물론 '내 안의 나'가 만들어낸 허상일 뿐이죠. 매 순간 자신을 믿을 수 있어야

합니다. 의심하는 순간 온갖 부정적인 이웃들이 밀고 들어오기 시작합니다.

무너지는 건 한 순간이죠. 적절한 불안감과 두려움은 필요합니다. 나태해질

수 있거나 오만해질 수 있는 나를 긴장시킬 수 있는 자극제가 되어주기도

하니까요.

나는 살아가는 매 순간 순간을 신뢰하기 때문에 내 삶이 두렵지 않
다는 것을 아는 사람이다.

I am a person who knows that I am not afraid of my life
because I trust each moment as it unfolds.

쓰고 담기

한밤중에 물고기를 잡으러 간다는 건, 밤낮으로 일을 한다는 걸 의미합니다.
진정한 부자는 시간적, 경제적으로 자유로운 사람을 말하지요. 큰 그림을 위
해 '오늘'이라는 시간을 잘 사용하고 있는 우리에겐 그날이 반드시 옵니다.

내가 성공하고 싶어 하는 이유는?

내가 부자가 되고 싶어 하는 이유는?

성공하고 부자가 되면 한밤중에 물고기를 잡으러 가지 않아도
되기 때문이다.

Any reason to become successful in my life?

Any reason to become wealthy?

The reason why I want to succeed and become wealthy is
that it enables me to have financial freedom, so I won't have
to go fishing in the middle of the night to make a living.

쓰고 담기

공짜를 좋아하는 사람은 딱 그만큼의 가치를 보이며 삽니다. 세상만사 그냥 되는 건 그 어디에도 없습니다. 요행을 바라는 마음은 살피고 살펴야하는 것 중에 하나입니다. 오롯이 자신의 능력을 믿고 순간을 성실함으로 일관할 수 있을 때 우리는 삶을 즐길 수 있습니다.

모든 고통 뒤에는 금광이 숨겨져 있다. 세상에 공짜란 없다. 신은 우리에게 맞난 열매를 조건 없이 그냥 주지 않는다는 것을 나는 잘 안다. 지금 내가 겪고 있는 어려움과 시련은 달달한 열매를 얻기 위한 과정일 뿐이다. 나는 이것을 거뜬히 이겨낼 수 있다. 나는 나를 믿는다.

Behind every pain lies a gold mine (or There is a hidden treasure behind every pain). Nothing is free in this world. I am well aware that God does not give us delicious fruits without any conditions. The difficulties and trials I am facing right now are simply part of the process to obtain the sweet fruit. I believe I can overcome this with ease. I believe in myself.

✒️ 쓰고 담기

....

....

....

....

....

김밥 파는 CEO 〈생각의 비밀〉의 저자 김승호 회장은 원하는 것을 강렬하게 원하되 그것을 100번씩 100일 동안 써보기를 권하셨습니다. 원하는 소원을 100번씩 100번 쓰기를 과거에 도전했다가 2번이나 실패했었던 저는 삼세번은 해야 한다는 생각에 재도전을 했었지요. 이번엔 각오도 남달랐습니다. 반드시 해낸다는 각오로 임해서인지 정말로 소원적은 내용을 이루어 내었습니다. 100일이 조금 넘은 후에 이루었지만 내가 정했던 날짜보다는 한 달 정도 일찍 이뤄낼 수 있었습니다. 비로소 내안의 거인의 힘을 믿게 된 거죠.

원하는 것을 얻고자 한다면 강렬하게 원해야 한다. 숨이 막힐 정도로 원해야 한다. 그렇지 않으면 내 안의 나는 판단한다. '그냥 해보는 생각이었구나.' 내 안의 거인을 철저히 나의 편이 되게 하면 우리는 원하는 것들을 모두 이룰 수 있다.

If you want to achieve what you desire, you must have a strong and intense desire for it. You should seek it desperately (you should desire it intensely enough for your breath to be taken away). If not, I judge myself, "it was just a thought to give it a try" We can achieve things we desire when I make the giant within me on my side thoroughly.

쓰고 담기

세상 밖으로 나가는 것에 대해서 두려워하거나 겁을 먹을 필요는 없습니다.
똑같은 일상, 똑같은 환경에 편안함을 느끼는 건 '나의 성장'을 방해하는 생
각입니다. 세상을 향해 당당하게 가슴을 펴고 나가보는 겁니다.

"그까이거~~해보는 겁니다."

내가 세상을 향해 뛰어들면 온 우주는 나에게 헤엄치는 법을 가르쳐 줄 것이라고 믿는다. 내 삶은 나의 것이다.

I believe that the entire universe will teach me how to swim when I leap into the world. My life belongs to me.

쓰고 담기

추진력은 특정 목표를 이루기 위해 움직이는 능력이나 힘을 의미합니다. 어떤 일을 계획하고 실행하기 위해서는 추진력이 필요합니다. 추진력은 역량, 의지력, 열정, 인내심 등과 함께 작용하여 개인이나 조직, 사회 또는 국가 수준에서 발휘될 수 있습니다. 추진력이 충분하지 않으면 목표를 달성하기 어려워지며, 역행으로 돌아가거나 실패할 수도 있습니다. 따라서 추진력은 우리가 살아가는 모든 삶에서 중요한 역할을 합니다. 내 안의 나를 믿어야만 기를 수 있는 힘입니다.

'추진력은 엄청난 에너지이다. 좋은 습관을 만드는 데 쓰면 삶이 달라지고, 나쁜 습관을 강화하는 데 쓰면 삶은 추락 한다.' - 〈보도섀퍼〉.

내 삶을 성장시키는 추진력으로 나는 오늘도 '한 뼘 더 성장하기'를 선택한다.

'*Driving force is a tremendous source of energy. When used to develop good habits, life changes; when used to reinforce bad habits, life declines*' - 〈*Bodo Schafer*〉.

I choose 'to grow one step further.' today, and every day with the driving force that elevates my life.

쓰고 담기

....

....

....

....

우리가 겪는 어려움을 해결해 나가는 과정에서 우리는 변화하고 성장하게 되며 우리의 성장판은 점점 더 넓어지고 발전해 나갑니다. 이에 따라 우리는 자신이 충분히 잘하고 있다는 자신감을 가지게 됩니다. 내가 겪게 되는 어려움이 크면 클수록 나의 성장의 깊이 또한 커진다는 것을 믿어 보자구요.

관대하고 자비로운 우주는 늘 우리의 성장에 필요한 과제를 정확히 보내준다. 어려운 과제를 해결해갈수록 우리의 성장판은 조금씩 열리게 된다. 나는 충분히 잘 하고 있다.

The generous and merciful universe always sends us the exact challenges we need for our growth. Our potential for growth expands gradually as we tackle difficult tasks and overcome them. I am doing well enough.

쓰고 닦기

고통 뒤에는 반드시 끝이 있다는 걸 우리는 늘 기억해야 합니다. 그 순간에 직면하다 보면 일단 피하고 싶고, 도망치고 싶어 하는 게 인간의 본성이죠. 고통을 정면으로 맞이할 수 있는 용기만큼 우리는 성장해 갑니다.

'고통없는 승리는 없고, 가시밭길 없는 성공이란 존재하지 않는다.'

- 윌리엄 펜

고통을 의연하게 받아들이고, 지혜롭게 수용할 줄 아는 나는 성공할 수밖에 없는 사람이다.

There is no victory without pain, no success without a thorny road. –William Penn

I am a person who has no choice but to succeed if I can bravely accept pain and accept it wisely.

✒ 쓰고 담기

....

....

....

....

....

....

모든 어려운 일에 대한 성패는 '그 일을 해결하겠다는 확신이 있느냐? 없느냐?'에 따라서 확연히 달라집니다. 내 안에 나를 믿고 생각을 이성적으로 정리해 가다 보면 분명 방법은 있는 겁니다. 긴가민가 기준이 서지 않을수록 에너지를 나에게 집중하세요. 분명 우주가 도와줍니다.

확신에 찬 말을 할 줄 아는 나는 기준 잡힌 인생을 사는 사람이다.

I know how to speak with confidence as I am a person who lives a purposeful life with clear standards.

쓰고 담기

'평범한 돌을 금광석으로
만드는 재주가 있는 나'

2장

성심을 다해 실행하라

저는 제 꿈을 갖고 그것을 키워가기 위해 행동하는 모든 것들을 매우 가치롭게 여깁니다. 콩나물 시루에 콩나물이 쑥쑥 자라듯 나의 꿈도 성장해 가는 모습을 볼 때면 형언할 수 없는 보람을 느낍니다.

여러분들이 가치롭게 여기는 것은 어떠한 것들인가요?

나는 내가 가치롭게 여기는 것에 대해서 늘 생각하고 그것을 지켜
나가기 위해 애쓰는 사람이다.

I am a person who always thinks what I value and strives to
keep it.

✎ 쓰고 담기

현실 여건에 타협한다는 것은 주어진 현실적인 조건이나 제약사항을 인정하고, 이를 받아들여 조금씩 양보하거나 적당한 속도로 조정하는 것을 의미합니다. 다시 말해 좀 더 타협적인 방안을 찾는 것이지요. 그러다보면 내가 이루고자 하는 것과 거리가 더 멀어질 수 있습니다.

때로는 무소의 뿔처럼 혼자서 가고자 하는 기량이 필요합니다.

나는 '이거다!'싶은 것에는 현실 여건에 타협하지 않고, 끝까지 추진해 나가는 사람이다.

I am a person who pursues and drives forward anything that I believe is 'it', without compromising with the realities of the situation.

쓰고 담기

....

....

....

....

....

....

....

....

행동력이 좋은 사람은 빠르게 일을 처리하고, 결과를 만들어 내는 능력이 뛰어난 사람입니다. 이러한 사람들은 목표를 설정하고 계획을 세우는 것에 능숙하며 그들의 계획을 실제로 실행하기도 합니다. 또한 그들은 문제가 발생했을 때 즉각적으로 대처할 줄 알며 문제의 원인을 파악하고 해결하기 위해 적극적인 조치를 취합니다. 마침내 문제 해결에 대한 창의적인 방법을 모색하며 결국 좋은 결과를 만들어 냅니다.

생각에서 행동으로 끌어내기까지 소요되는 시간이 길어지면 길어질수록 그 일을 더 힘들게 하는 경향이 있습니다. 즉각즉각 행동으로 옮길 줄 아는 실천력, 인생의 답은 거기에 있습니다.

나는 무엇인가를 계획하면 오래 고민하지 않고 그것을 바로 행동으로 옮길 줄 아는 사람이다.
나의 실천력이 나의 달란트다.

I am a person who does not hesitate for long, but puts it into action immediately when it comes to planning something.
My ability to take action is my talent.

쓰고 담기

'천릿길도 한 걸음부터'라는 속담이 있듯이 무엇이든 기초를 튼튼히 세우는
길은 없어서는 안 되는 중요한 과정입니다.

하루하루 이루는 작은 성공이 쌓이고 쌓이다보면 큰 성공으로 이루어져 있
게 됩니다. 매일 작은 성공을 이루도록 하세요.

나는 큰 것을 이뤄내기 위해서는 작은 것부터 실천해야 한다는 것을 아는 사람이다.

I am a person who understands that one must start by putting small steps into action in order to achieve big things.

쓰고 담기

없던 일도 만들어 가는데 일각연이 있는 나는 제 삶에 오는 행운의 에너지를 끌어당김에 있어서도 지극히 적극적입니다. 감나무 그늘 밑에 앉아 잘 익은 홍시가 내 얼굴위로 떨어져 주기를 바라는 어리석은 행동은 지양합니다. 나 한테로 떨어지기 전에 까치의 밥이 먼저 될 수도 있으니까요. '일찍 일어나는 새가 벌레를 먼저 잡아먹듯이' 자신의 파랑새도 부지런할 수 있을 때 곁에 오 는 것이겠지요.

나는 내게 올 행운을 기다리기만 하는 소극적인 사람이 아니라, 그 것을 나에게 끌어당기기 위해 적극적으로 행운을 만들어갈 줄 아 는 사람이다.

I am not a passive person who waits for good fortune to come to me, but rather who actively creates opportunities to attract luck into my life.

쓰고 담기

자신의 생각과 감정에 대해 항상 관찰하고, 그것들이 우리의 행동을 결정하게 두지 않는 것이 중요합니다. 행동이 우리의 활동 및 삶의 방향성을 제시하도록 해야 합니다. 실패와 좌절감은 우리 삶에서 피할 수 없는 것입니다. 그러나 그런 상황에서 즉각적으로 행동해야 합니다. 이것은 우리가 자신의 능력과 파워에 의해 문제를 극복하고 새로운 목표를 이룰 수 있음을 보여줍니다. 이를 통해 실현됨으로써 우리는 멘탈력을 키울 수 있습니다.

나는 나의 생각이 행동을 지배하게 하지 않는다. 언제나 행동이 생각을 만들게 한다. 좌절감이나 무력감이 불시에 찾아올 때는 즉시 행동한다. 뭔가가 실행되는 동안 나의 멘탈은 점점 강해지기 때문이다.

I don't let my thoughts dominate my actions. It's always the actions that shape my thoughts. When feelings of frustration or helplessness unexpectedly arise, I act immediately. My mental strength grows steadily as something is set into motion.

쓰고 담기

....

....

....

....

....

....

....

때로는 우리가 기존에 가지고 있던 소극적인 생각이나 믿음 때문에 스스로를 제한하고, 그것이 큰 꿈이나 목표를 이루지 못하게 할 수 있습니다. 이럴 때일수록 자신을 더욱 대범하게 바라보고, 새로운 시도와 도전을 해 보는 것에 머뭇거림이 없어야 합니다. 망설임 없는 실행력을 통해 비로소 우리는 우리 안에 저력을 들여다볼 수 있게 됩니다.

우리의 목표가 크면 클수록 우리네 삶도 커진다. 성취하고자 하는 목표의 본질을 지켜내기 위해서는 매사에 대범해져야 한다. 이에 어려운 상황이 닥치면 목표를 더 높이 설정해서 우리의 담대함을 꼿꼿하게 세울 필요가 있다. 나는 강단이 뛰어난 사람이다.

As our goals grow bigger, so does our life. To preserve the essence of the goals we want to achieve, we must be bold in everything we do. When faced with difficult situations, we need to set our goals even higher to strengthen our courage. I am a person with remarkable determination.

쓰고 담기

....

....

....

....

....

....

사는 게 녹녹치 않아서 '희망'이란 없다는 절망적인 생각이 당신을 엄청난 무게로 지배하시나요? 당신의 주변을 둘러싼 에너지를 바꿔볼 필요가 있습니다. 24시간에 대한 사용 패턴을 바꿔보세요. 사는 곳을 바꾸고, 만나는 사람을 바꾸다 보면 생각의 흐름이 달라지고, 마침내 당신을 둘러싼 에너지의 기운도 바꿀 수 있게 됩니다.

인간을 바꾸는 방법은 3가지 뿐이다. '시간을 달리 쓰는 것, 사는 곳을 바꾸는 것, 새로운 사람을 사귀는 것'. 이 3가지 방법이 아니면 인간은 바뀌지 않는다. – 오마에 겐이치

나는 나를 바꾸기 위해 이 3가지를 과감히 실천했고, 눈에 띈 성장을 이뤄냈다. 철저한 모방은 나를 지름길로 가게 한다는 걸 알았다. 나는 혜안을 가진 사람이다.

The only three ways to change a person are: 'Changing how they spend their time, changing where they live, and making new friends.' Without these three ways, a person cannot change. – Omae Gen'ichi

I have boldly put these three methods into practice to change myself, and I have achieved noticeable growth. I have realized that thorough imitation leads me to a shortcut. I am a person with insight.

쓰고 닮기

지금 여기, 이 순간을 느끼고 직시할 수 있어야 합니다. 오늘이 내 삶의 마지막인 것처럼! 그렇게 전력질주 한다는 마음으로 성심을 다하는 오늘이어야 합니다.

세상에서 가장 파괴적인 단어는 '나중'이고, 인생에서 가장 생산적인 단어는 '지금'이다. 힘들고 불행하게 사는 사람들은 '내일'하겠다고 말하는 반면, 성공하고 행복한 사람들은 '지금'한다고 말한다. 그러므로 내일과 나중은 패자들의 단어이고, 오늘과 지금은 승자들의 단어이다. - 이민규(아주대 교수)

나는 나의 '오늘'을 사랑한다. 지금 바로 여기에 있음을 느낄 수 있어 감사하다.

The most destructive word in the world is 'later', and the most productive word in life is 'now'. People who live difficult and unhappy lives say 'tomorrow', while successful and happy people say 'now'. Therefore, 'tomorrow' and 'later' are words of losers, and 'today' and 'now' are words of winners.

— Lee Min-gyu (Ajou University professor)

I love my 'today'. I am grateful for being able to feel here and 'now' right at this moment.

쓰고 닦기

새로운 것을 내 안에 받아들이는 데에 있어서 가장 살펴야하는 것은 너무 마음속에서 계산하지 않는다는 것입니다. '이건 이래서 안 되고 저건 저래서 안 된다.'라는 셈을 하는 순간 그건 이미 내 것이 아닌 것입니다. 평소 가장 잘되지 않았던 습관 하나를 내 안에 장착하는 순간 우리의 변화는 시작됩니다.

'변화란 단순히 과거의 습관을 버리는 것에 그치는 것이 아니다. 과거의 습관 대신에 새로운 습관을 익히는 것이다.' - 켄 블랜차드

새로운 습관이 나를 변화시키기 위한 강력한 도구임을 확신한다. 나는 내 몸에 맞는 습관을 최적화하기 위한 의지를 가지고 있다. 나는 행동력이 뛰어난 사람이다.

'Change is not simply about discarding old habits; it is about acquiring new habits in place of the old ones.' – Ken Blanchard

I firmly believe that new habits are powerful tools to bring about change in me. I have the determination to optimize habits that suit my body. I am a person with great initiative and action.

쓰고 담기

....

....

....

....

'타인에게 원하는 모습을
보여주고 싶은 나'

_____

3장

셀프 브랜딩을 하라

선하지 않는 사람은 없습니다. 각자가 처한 환경들이 가면을 쓰게 할 뿐입니다. 타인을 있는 그대로 볼 수 있다는 건 커다란 능력입니다. 내가 먼저 상대에게 있는 그대로의 모습을 보여줘 보세요. 상대도 그렇게 따라오게 됩니다.

나는 '편견'이라는 잣대를 사용하지 않고 타인을 있는 그대로 볼 수 있는 사람이다.

I am a person who can see others itself without using a standard called 'prejudice'

쓰고 담기

'인간은 사회적 동물'이기에 절대로 혼자서 살아갈 수 없고, 성장해갈 수가 없습니다. 나를 챙겨주는 이들에 대한 '마음씀'은 인간의 도리이기도 합니다. 평소에 잊고 있었던 고마운 분들께, 오늘은 따뜻한 안부의 문자하나 보내 보시죠.

나는 내 주위에 나를 돕는 사람들이 있음을 잊지 않고, 그 고마움을 표현할 줄 아는 사람이다.

I am a person that I do not forget that there are people around me who can help me, also, a person who knows how to express gratitude.

쓰고 담기

일반적으로 실수는 의도치 않은 결과를 초래하는 것이고, 허물은 윤리적이
거나 도덕적인 문제를 초래합니다. 이것들은 인간의 본성에서 비롯되며 누
구나가 가끔은 할 수 있는 것이기에 타인의 실수와 허물을 이해하고 받아들
일 수 있어야 합니다.

나는 타인의 실수에도 '괜찮아, 그럴 수도 있지'라고 말할 수 있는 사람이다.

I am a person who can say 'it's okay, it happens' even in the face of others' mistakes.

말의 힘은 그야말로 강력합니다. 긍정적인 표현과 감정표현은 상대방에게 좋은 영향을 끼칠 수 있습니다. "고마워"와 같은 감사의 말은 상대방이 노력한 것에 대한 인정과 감사의 마음을 전할 수 있습니다. 또한 "사랑해"는 상대방에 대한 감정적인 연결을 보여주며 "너 덕분이야"는 상대방이 우리에게 끼친 긍정적인 영향에 대한 인정을 보여주는 것입니다. 상대에게 긍정의 에너지를 듬뿍 주세요.

나는 '고마워', '사랑해', '너 덕분이야'라는 말의 위력을 잘 알고 일상 속에서 수시로 사용할 줄 아는 사람이다.

I am a person who is well aware of the power of the words 'thank you', 'I love you', 'it's all because of you' and knows how to use them frequently in my daily life.

쓰고 담기
....

....

....

....

....

....

....

....

다름을 인정할수록 내 삶이 더 여유로워지고, 온전한 내 삶에 자유로워질 수 있습니다. 상대의 마음과 행동을 지배하려 하지 마세요. 그럴수록 내가 더 힘들어 집니다.

나는 나와 관계를 맺어가는 사람들의 다양성에 대해서 유연하게 대처할 줄 아는 사람이다.

I am a person who knows how to adapt myself flexibly to the diversity of individuals I engage with and build relationships with.

쓰고 담기

'소명'은 자신이 이루고자 하는 목표나 의미있는 일에 대한 강한 열망이나 의지를 말합니다. 자신의 소명을 발견하고 추구하는 과정은 삶의 의미를 발견하고 더욱 풍요로운 삶을 살아갈 수 있는 계기가 될 수 있습니다. 여러분들의 소명은 무엇인가요?

나는 나의 소명을 알고 그것을 이웃을 위해 기꺼이 쓰고자 노력할
줄 아는 아름다운 사람이다.

*I am a beautiful person who knows my purpose and willingly
strives to fulfill it for the sake of my peers.*

쓰고 담기

남의 부정적인 면만을 일부러 찾아내어 그것에 대해 지적질을 즐기는 사람들이 있습니다. '까마귀 노는 곳에 백로야 가지 마라'고 했습니다. '부정적인 말'하는 것을 즐기는 사람들은 살피고 살펴야 합니다. 상대의 좋은 점, 아름다운 점을 끊임없이 찾아내 보세요. 상대를 기분좋게 하고, 나에겐 더 큰 에너지가 되어 돌아옵니다.

나는 주위 사람들의 아름다운 면을 볼 줄 아는 안목을 가진 맑은 사람이다.

I am a clear-minded person who can see the beautiful aspects of the people around me.

쓰고 담기

....

....

....

....

....

....

....

....

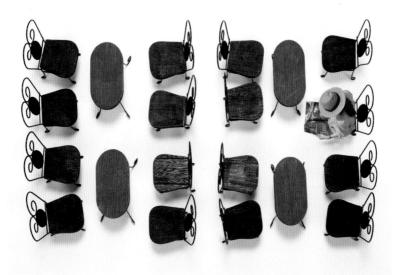

대다수의 사람들은 상대에게 관심과 인정을 받고 싶어하는 욕구가 있습니다. 별로 친하지 않던 사람이 자신의 이름을 불러주는 것에서조차 우리는 작은 기쁨을 느낄 때가 있습니다. 낯선 이와 친해지는 방법 또한 복잡한 게 아닙니다. 상대의 이름을 불러주는 것, 웃으면서 인사 나누는 작은 행위 하나를 통해서도 우리는 상대에게 관심과 애정을 표현할 수가 있습니다.

나는 주위 사람이나 사물에 관심과 애정을 가지고 있으며 그것을
적극적으로 표현할 줄 아는 사람이다.

*I am a person who has interest and affection for the people
and things around me, so I know how to express them
actively.*

✒ 쓰고 닮기

조건없이 베풀다가 배신을 당하더라도 새로운 사람을 만나게 되면 상처받았던 일은 초기화가 되어 버립니다. 아무런 일도 없다는 듯 나를 내려놓고 상대의 이야기에 귀를 기울이며 '내가 채워줄 수 있는 부분이 뭐가 있나?'를 찾게됩니다. 저는 이러면서 살아가는 의미를 느낍니다. 때론 바보 같아도 이러한내가 참 좋습니다.

나는 나의 도움을 필요로 하는 곳이라면 기꺼이 응할 줄 아는 사람
이다.

*I am a person who is willing to respond wherever my help is
needed.*

 쓰고 담기

내가 상대에게 하나를 줬으니 나는 '상대로부터 하나를 반드시 받아야 된다.'
고 생각하는 사람들이 의외로 많습니다. 일방적인 베품 앞에서 "내가 왜 그래
야 되는데?"라며 오히려 불만을 품기도 하죠. 조건 없이 베풀다보면 상대에게
바라는 마음이 없게 됩니다. 바라는 마음이 생기는 순간 기대하게 되고, 그것
에 못 미치게 되면 더 큰 실망을 받게 됩니다. 삶을 편하게 살아 보자구요.

나는 조건 없이 베푸는 일이 무한한 기쁨을 준다는 것을 아는 사람
이다.

*I am a person who knows that unconditional giving brings
endless joy.*

쓰고 답기

생각만 해도 가슴이 부들부들 떨리고, 이름 첫 글자 조차도 떠올리고 싶지 않은 사람들이 있는지요? '용서는 남을 위해서가 아니라 진정 나를 위해서 하는 것이 용서다'고 하는데, 좀처럼 잘되지 않을 때가 있습니다. 진정 나를 위해 '용서'를 적용하는 날, 내 마음의 나이테는 한층 더 자라있을 테지요.

나는 타인을 용서한 것이 세상을 아름답게 하고 결국, 나를 더 이롭게 한다는 것을 아는 사람이다.

I am a person who knows that forgiveness towards others makes the world more beautiful and ultimately benefits me as well.

우리는 모두 다른 사람과의 연결과 소통을 바라고, 이를 통해 서로를 이해하고 공감하며 상호작용하고 싶어 합니다. 때로는 다른 사람이 우리를 이해하지 못하거나 내 마음과 다른 생각을 갖는 상황에 마음이 아프고 어려움을 느낄 수 있습니다. 그럴 때마다 내 마음이 동요된다면 삶이 고달파집니다. 외부 환경에 일희일비하는 마음을 내려놓아야겠죠.

나는 다른 사람의 마음이 내 마음 같기를 바라는 것이 욕심임을 안
다. 오늘의 친구가 내일의 적이 될 수 있고, 내일의 적이 오늘의 친
구가 될 수 있다. 상황에 따라 환경에 따라 쉽게 변할 수 있는 게 인
간의 마음이다. 그럴 때마다 나의 마음은 쉽게 동요되지 않는다.
내가 오롯이 믿는 것은 '나'이기 때문이다.

*I understand that wishing for other people's minds to be
like mine is an act of greed. Today's friend can become
tomorrow's foe, and tomorrow's foe can become today's
friend. Human minds can easily change depending on
circumstances and environments. However, my own mind
remains steadfast and undisturbed because I solely believe in
'myself'.*

쓰고 담기

숨쉬기조차 힘든 상황에 깨달음을 줄 수 있는 정신적인 멘토가 있다는 건 크
나큰 축복입니다. 늘 감사한 마음으로 그들과 함께 하며 내가 배운 것을 또 다
른 사람들과 기꺼이 공유하기를 선택합니다. 멘토의 도움을 받으며 성장을
이루는 것을 공유함으로써 더욱 의미가 있는 것으로 만들게 됩니다.

내 주변엔 따뜻한 마음을 가진 동반자들이 있다. 어려울 때 함께 할 수 있는 벗들이 있다. 문득 내 삶에 번아웃이 올 때 깨달음을 줄 수 있는 정신적인 멘토들이 있다. 나는 참 행복한 사람이다.

I have companions with warm hearts around me. I have friends to be with me in difficult times. When I experience burnout in life, I have spiritual mentors who can provide me with enlightenment. I am truly a happy person.

쓰고 담기

....

....

....

....

....

....

....

건강한 몸으로 오감을 느낄 수 있는 나는 축복받은 사람입니다.

사소한 것이라 단정 짓고 감사함을 잊어버리지 않는지. 늘 나를 챙김을 게을

리하지 말아야 합니다.

살아있음에 감사할 줄 아는 나는 주위를 따뜻하게 해 주는 사람이다.

I am a person who appreciates being alive and warmly embraces those around me.

✎ 쓰고 담기

....

....

....

....

....

....

....

....

시대가 발전하고 기술이 나아감에 따라 협업이 더욱 중요해졌습니다. 다수의 사람들이 함께 일하면서 문제를 해결하고 목표를 달성하는 협업은 아이디어 발전에 큰 도움을 줄 뿐 아니라 사람과의 관계를 발전시킵니다.

'훌륭한 일을 하려 할 때 자기 혼자서 하는 것보다도 남의 도움을 받는 편이 낫다고 깨달았을 때 그 사람은 위대한 성장을 이룩한다.'
- 앤드류 카네기

나는 협업의 중요성을 잘 아는 사람이다.

'When a person realizes that seeking help from others is better than trying to accomplish great tasks alone, they achieve significant growth.' – Andrew Carnegie

I am a person who understands the importance of collaboration.

✒ 쓰고 담기

....

....

....

....

....

....

시간적 경제적으로 자유로운 사람은 진정으로 성공한 사람입니다. 나를 인정받을 수 있고, 대인관계 또한 원만할 수 있다면 모든 것을 다 가진 사람입니다.

시간적 경제적으로 자유로운 사람, 타인으로부터 나의 유능함을 인정받는 사람, 사람과의 관계 속에서 원만함을 유지하는 사람은 행복한 사람이다. 그러므로 나는 행복한 사람이다.

A person who is time and financially free, recognized for their competence by others, and maintains harmonious relationships with people is a happy person. Therefore, I am a happy person.

쓰고 담기

'이상적인 삶을 지향하는 나'

4장

긍정적인 영감을 주는
충전소가 되라

'기뻐서 웃는 것이 아니라 애써 웃으니까 기쁘다'라는 말이 있습니다. 기쁠 때 웃는 것은 당연한 일이고, 참을 수 없는 슬픔과 고통이 왔을 때도 애써 웃을 수 있다면 우리는 진정한 성인입니다.

수시로 나의 감정을 살피려는 노력은 '나에 대한 최소한의 도리'인 거겠죠.

나는 어떠한 상황 속에서도 나를 위해 웃을 수 있는 사람이다.

I am a person who can smile for myself in any situation.

쓰고 담기

평소에 누군가를 만날 때면 가급적 많이 들어주려고 애씁니다. 한 사람이 나에게 온다는 건 그 사람의 몇 십 년 인생이 내게 오는 것이기 때문입니다. 잘 들어줄 줄 아는 사람은 잘 말할 줄 압니다.

잘 들어줄 수 있을 때 우리의 듣는 근력 또한 내실 있게 성장해 갑니다. 사회에 있어서의 모든 문제들은 상대의 이야기를 들어주지 못해서 생긴 결과들입니다.

나는 나의 이야기보다 다른 사람의 이야기를 더 많이 들어줄 줄 아
는 사람이다

*I am a person who listens to others' stories more than I talk
about my own.*

쓰고 담기

....

....

....

....

....

....

....

....

감사 에너지는 나를 둘러싼 부정적인 에너지를 퇴치해주는 역할을 합니다.
평소 '감사합니다'라는 말을 수시로 사용하는 사람의 얼굴빛은 남다릅니다.
상대에게 건네는 감사의 말 한 마디는 복을 주는 것과 같습니다. 감사하는 마
음이 넘쳐야 합니다. 나를 비롯한 주변인들 모두에게 이롭게 작용을 하는 이
에너지는 아무리 강조해도 지나치지 않습니다.

나는 하루하루 감사하는 마음을 잊지 않고 그것을 기록하며 살아
가는 사람이다.

I am a person who does not forget to be grateful each day and
lives by recording it.

쓰고 담기

시련이 없는 사람은 없습니다. 저마다의 그릇에 맞게 시련은 오게 되어 있습니다. 그것을 잘 극복할 수 있을 때 우리는 1cm씩 성장하게 됩니다. 내게 오는 시련을 두려워하지 말자구요.

그것을 피하지 않고 당당하게 중심 안으로 들어갈 수 있을 때 우리는 더 크게 성장할 수 있습니다. 잘 이겨낸 나에게 반드시 해야할 말이 있죠.

'고맙다, ○○야, 잘 이겨내 줘서! 이젠 올라갈 일만 남았다. 힘내보자'

나는 내게 오는 시련을 두려워하지 않고, 당당하게 맞설 수 있는 사람이다

I am a person who is not afraid of the challenges that come my way and can face them with confidence.

쓰고 담기

좋지 못한 상황에서도 '나를 이롭게 할 수 있는 것이 뭐가 있을까?'를 저는
의식적으로 생각하는 편입니다. 그러다보면 반드시 그 안에서도 희망과 행
복을 찾게 됩니다. 부정적인 것을 긍정적인 것으로 바꾸려는 일상의 훈련은
절대적으로 필요합니다.

나는 어떠한 역경 속에서도 희망과 행복을 찾아낼 수 있는 사람이다.

I am a person who can find hope and happiness in any adversity.

쓰고 담기

호탕하게 웃을 수 있는 것에 익숙해진 사람은 다른 사람들과의 상호작용에
서 긍정적인 영향을 미칠 수 있습니다. 거울에 비춰진 나의 모습을 보면서 큰
소리로 자주 웃어보세요. 감히 부정적인 에너지가 근접하지 못할 것입니다.

나는 언제나 혼자서도 호탕하게 웃을 수 있는 기분 좋은 사람이다.

I am a joyful person who can always laugh heartily even when I'm alone.

✒ 쓰고 담기

눈앞에 펼쳐진 상황이 나를 미치도록 힘들게 하고 답답한 마음을 갖게 할 때면 잠시 잠깐 미래의 나를 데려오는 것도 하나의 해결법이 될 수 있습니다. 미래의 내 모습을 그려보고 현실의 나에게 위로해주는 여유가 때로는 필요합니다.

나는 눈앞에서 보여지는 한 그루의 나무만이 아닌 숲 전체를 볼 줄 아는 사람이다. 나는 큰 그림을 그릴 줄 아는 사람이다.

I am a person who can see not only the individual trees in front of me but also the entire forest. I am a person who knows how to draw the big picture.

쓰고 담기

지구상에 존재하는 모든 유기체와 무기체는 서로서로 연결되어 있습니다.
의미를 갖지 않고 존재하는 것은 아무 것도 없습니다. 서로가 서로를 존중하
고 인정해주며 아끼는 마음을 갖는 것은 당연한 도리입니다.

나는 나의 생각과 행동이 세상의 모든 것에 영향을 줄 수 있다는 걸
잘 아는 사람이다.

I am a person who knows well that my thoughts and actions
can have an impact on everything in the world.

쓰고 닦기

이기적인 삶을 살면 이익을 추구하게 되어 삶이 편안해 질 거라 생각할 수 있 겠지만 그게 행복으로 연결되지는 않습니다. 자기 자신의 이익만을 꾀하며 살기 위해서는 항상 투쟁하며 남과 싸워야 합니다. 모든 싸움과 투쟁은 이기 심에서 출발하기 때문입니다. 남을 위한 삶, 이타적인 삶은 마음을 흐뭇하게 만듭니다. 희열과 기쁨이 가슴에 충만하고 가득해 집니다. 삶에 대한 의미를 생각하게 되고 그 가치를 느끼게 합니다. 이타적인 삶을 살아야 한다는 것은 '불변의 진리'이기도 합니다.

나는 삶에 대한 허무함과 외로움을 느끼지 않으려면, 이타적인 사고와 행동을 했을 때만이 극복할 수 있다는 것을 아는 사람이다.

I am a person who is aware that the emptiness and loneliness in life can be overcome through altruistic thoughts and behaviors.

쓰고 담기

톨스토이는 '세상에서 가장 중요한 때는 바로 지금 이 순간이고, 가장 중요한 사람은 지금 당신과 함께 있는 사람이며, 가장 중요한 일은 지금 당신 곁에 있는 사람을 위해 좋은 일을 하는 것이다'라고 말했습니다. 지금 이 순간을 잘 살아야만 우리의 미래 또한 우리가 원하는 그림대로 그려질 수 있기 때문이죠.

나는 세상에서 가장 중요한 때는 '바로 지금 이 순간'이라는 것을
잘 아는 사람이다.

*I am a person who knows well that the most important time
in the world is 'the present moment.'*

쓰고 담기

'영원한 것은 하나도 없고 모든 것이 변한다.'고 고대 그리스의 철학자 헤라클레이토스는 말했습니다. 오늘 아침에 거울을 바라보았던 나의 모습과 저녁에 하루 일과를 마치고 돌아와 보는 나의 모습은 분명 같은 모습이 아닙니다. 수없이 많은 세포가 생성과 소멸을 반복하고 있으니까요. 이것은 우주의 자연스러운 이치입니다.

나는 '모든 것은 시간에 따라 변한다.'는 것을 아는 현명한 사람이다.

I am a wise person who knows that 'everything changes with time.'

쓰고 담기

나는 나를 귀하게 여길 줄 아는 사람입니다. 그러한 마음은 주변의 모든 것들을 귀한 마음으로 예우하게 만듭니다. 타고 다니던 자가용 또한 바꿔야 하는 순간엔 마음을 많이 아프게 합니다. 그렇다고 해서 물건에 대한 집착을 가지는 건 아닙니다. 나의 손길이 닿는 모든 것들엔 저의 사랑이 가기 때문이겠죠.

나는 주위의 모든 것들을 귀하게 여길 줄 아는 사람이다.

I am a person who knows how to cherish (value) everything around me.

쓰고 담기

그렇습니다. 아무리 "바쁘다, 바쁘다"해도 할 것은 다들 하면서 사는 법이지
요. 내 마음이 평온하고, 행복하면 그 마음의 자리가 어디에 있든 여유가 있
는 것 같습니다. 여러분들의 마음은 평안하신가요?

나는 시간과 마음의 여유는 생기는 것이 아니라 만드는 것이라는
걸 잘 알고, 그것을 활용해 가는 사람이다.

*I am a person who knows well that time and peace of mind
are not something that naturally occurs, but rather something
that I can create. I know how to utilize them effectively.*

쓰고 담기

내게 오는 시련과 고통을 피한다고 해서 그것이 없어지는 게 아닙니다. 추후
에 어떤 형태로든 다시 오게 되어 있으니까요.

과감하게 고통 속으로 뛰어들어 원인을 파악하고, 있는 그대로 인정하며 받
아들이려는 처절한 노력이 필요합니다. 때론 단순한 게 답일 수 있습니다.

나는 내게 오는 시련과 고통을 피하지 않고, 겸허히 받아들이며 그것을 극복하려고 노력하는 사람이다.

I am a person who strives to overcome the trials and hardships by accepting humbly without avoiding them.

쓰고 담기

나에게 올 행운을 미리 축하하는 마음은 긍정의 에너지를 끌어당겨서 내 편으로 만드는 데 탁월한 방법입니다. 얼굴 근육을 펴고 내안의 에너지를 밝게 세팅하면 좋은 일이 찾아올 수밖에 없는 환경을 갖추게 되는 겁니다. 오늘은 여러분들에게 분명 좋은 일이 생길 겁니다. 미리 축하드립니다.

나는 일하러 나가는 길에 거울을 보며 나에게 긍정의 말을 하는 사람
이다.
"오늘은 분명히 좋은 일이 생길거야, 축하해"

I am a person who speaks positive words to myself when I
look in the mirror on my way out to work.
"Something good will surely happen today. Congratulations."

🖋 쓰고 닦기

매일 아침에 규칙적으로 실천하고 있는 루틴이 많은 나는 시간 배분을 잘 하기 때문에 가능한 일이라고 봅니다. 그러한 루틴은 저를 끊임없이 성장하게 하는 근간이 되어 줍니다. 무에서 유를 창출하게 해주는 나의 습관은 나를 더욱 나답게 해줍니다.

나는 정말 중요한 것이 무엇인가를 생각하며 시간 배분을 잘 할 줄
아는 사람이다.

*I am a person who knows how to prioritize and manage my
time well, while considering what truly matters.*

나에게 일어나는 모든 사건, 사고는 원인에 의해 일어난 결과들입니다. "나에
겐 왜 이런 일만 생기는 걸까?"라고 한탄하기보다 나의 생각과 과거의 경험
들을 떠올려 보아야 합니다. 내가 놓치고 잘못했던 것에 대해서는 많은 이들
이 인정하려 않는 게 통상적입니다. 모든 사건 사고를 대할 때 반드시 해결해
낸다는 긍정적인 마음을 가지는 게 중요합니다. 원인 없는 결과가 없듯이 풀
어지지 않는 문제 또한 없는 법이니까요. 내 자신을 믿고 당당하게 한 걸음
내딛는 용기를 가져 보아요.

나는 어떤 일이나 상황에 대처할 때 그것을 대하는 태도가 중요함을 아는 사람이다.

I am a person who understands the importance of attitude when dealing with any situation or circumstance.

✍ 쓰고 담기

생물이든 무생물이든 마땅히 존중받아야 함은 당연한 이치입니다.

우리 모두는 이 지구상에 공존하며 살아가야 하니까요.

나는 이 세상에 존재하는 모든 생명이 마땅히 존중받아야 함을 아
는 사람이다.

I am a person who understands that all living beings in this
world deserve to be respected.

쓰고 담기

....

....

....

....

....

....

....

....

위기를 기회로 바꿀 줄 아는 사람은 삶을 살아가는 능력이 탁월한 사람입니다. 한 발짝도 뗄 수 없을 만큼 힘겨운 삶 속에서 한 발짝이라도 겨우 떼어보려는 의지를 갖는 순간 우리에게 오는 위기는 더 이상의 위기가 아닙니다. 나에게 오는 위기가 있다면 기꺼이 외치십시오. "오너라. 내가 맞서 주꾸마."

나는 위기를 기회로 바꿀 줄 아는 사람이다.

I am a person who knows how to turn crises into opportunities.

쓰고 담기

나는 한 발짝을 내딛을 때 그 다음 발자국을 어느 위치에 어떤 각도로 얼마만큼의 힘을 줘서 뗄 건지에 대해서 생각하고 내딛는 습성이 있습니다. 다시 말해 A라는 일을 수행하는 순간 B라는 일에 대해서 미리 준비하고 계획하는 일을 습관처럼 하고 있죠.

이러한 삶의 패턴으로 인해 저는 적절한 때에 기회를 많이 잡을 수 있었던 것 같습니다. 나에게 오는 것이 기회인지? 아닌지? 준비하고 있지 않으면 그조차도 분간할 수 없게 됩니다. 당신이 '아차!'하는 순간 수많은 기회들이 지나가 버렸을 수도 있습니다.

나는 '기회'라는 것도 '준비된 자'에게만 온다는 것을 아는 사람이다.

I am a person who knows that 'opportunity' comes only to 'those who are prepared'.

쓰고 담기

우리는 누구나 생각하는 대로 말을 하게 됩니다. 그 말은 나의 환경 에너지를 만들어냅니다. 내가 원하는 사람과 어울리고 싶다면 나의 생각과 말 에너지를 단속해야 합니다. 이러한 것들은 결국 나의 미래를 만들어내기에 '지금 나는 무슨 생각을 하고 있는지?', '내가 주로 하는 말들은 어떠한지?'나의 생각과 말을 수시로 살필 줄 알아야겠습니다.

'내가 선택한 생각과 긍정의 말들은 곧 나의 미래다.' 나는 나의 생각과 말을 살필 줄 아는 사람이다.

'I believe that the thoughts and positive words I choose shape my future.' I am a person who can examine and be mindful of my thoughts and words.

쓰고 담기

어떤 일을 선택하던 그 결정에는 늘 아쉬움과 미련이 따르게 되어 있습니다.

하지만 과감히 받아들이려는 노력은 필요합니다.

나의 선택을 존중할 수 있을 때 우리는 뒤를 돌아보지 않는 삶을 살아갈 수가

있는 것 같습니다.

나는 나의 선택을 존중할 줄 아는 사람이다. 선택을 하는 순간에는 최선의 선택을 위해 오직 그것에만 집중하려 한다.

I am a person who knows how to respect my choices. In the moment of making a choice, I focus solely on making the best decision.

쓰고 담기

내 삶이라는 무대에서 '조연'이 아닌 '주인공'으로 된 건 아이들이 우리부부 곁에서 독립할 즈음이었던 것 같습니다. 오롯이 내 삶에 집중할 수 있었고, 그토록 살아보고 싶었던 삶을 지금은 만끽하며 즐기고 있습니다. 때론 긁히고, 넘어져서 피가 날 때도 있지만 내 안엔 자연치유의 힘이 커서인지 훌훌 털고 일어나게 됩니다. 내 삶의 최고의 학교를 다닐 수 있어 감사합니다.

나는 우리네 삶이 최고의 학교라는 것을 아는 사람이다. 우리 주변
과 우리 안에서 일어나는 놀라운 일들은 늘 새로운 관점에서 배우
게 한다.

*I am a person who knows that our lives are the best schools.
The amazing things happening around us and within us
always allow us to learn from new perspectives.*

쓰고 담기

....

....

....

....

....

....

....

....

'내 삶의 주인은 나'라는 생각을 한시도 잊어서는 안 됩니다.

내가 원하는 삶을 살되 그것이 많은 이들을 이롭게 하는 일이면 더 좋겠죠.

우리는 서로서로 연결되어 살아가는 공동체적 유기체이니까요.

나는 내가 원하는 삶을 산다. 그것만이 내 삶의 정답임을 안다.

I live the life I desire. I know this is the answer to my life.

쓰고 담기

어제와 다르게 생각하고 행동하는 오늘의 매순간 순간이 저에겐 기적입니다. 저의 일상은 기적으로 충만되어 있습니다. 모든 문제는 원인이 있기에 만들어진 결과인 것입니다. 원인에 집중하고 받아들이다보면 그 해결 실마리는 쉽게 풀리게 되어 있습니다.

'문제다'라고 생각하고 꽁꽁 마음을 싸매면 쉽게 풀어질 것도 더 꼬여질 수 있습니다. 유연하게 삶을 받아들여 보자구요.

기적은 기적이 일어날 수 있도록 생각하고, 행동하는 사람에게 일어난다. 문제를 문제로 받아들이지 않는 것도 기적을 일으킬 수 있는 지혜로운 행동임을 나는 인지한다.

Miracles happen to those who think and do so that miracles can happen. I am aware that not accepting the problem as a problem is also a wise action to create miracles.

쓰고 닮기

적절한 걱정과 두려움은 우리를 방심하지 않게 해줍니다. 적절한 시련 또한 우리를 겸손해지게 도와줍니다. 적절함의 정도를 찾는다는 게 쉽지는 않지만 일이 잘된다고 해서 마냥 기뻐할 수도 없고, 일이 잘 풀리지 않는다고 해서 마냥 한탄할 필요는 없습니다.

'이 또한 지나가리라'는 위안으로 자신을 토닥여 주세요!

나는 걱정이나 두려움이 우리의 삶을 적절히 긴박감 넘치게 만들어 준다는 것을 안다. 우리를 더 멀리 가게 만드는 연료가 되어 준다.

I understand that worries or fear give our lives the right amount of urgency. They can become the fuel that propels us further ahead.

쓰고 담기

긍정적인 사람으로 살아가는 것은 철저한 훈련 속에서 가능한 일입니다. 매일 자신에게 긍정적인 확언을 하고, 긍정적인 미소를 만들어내며 긍정적인 생각 갖기를 습관화하려는 노력은 절대적으로 필요합니다.

'나는 평소에 긍정적인 사람인가? 부정적인 사람인가?' 어떤 사람이 될 것인가는 오직 매일매일의 훈련과 습관에 달려있음을 나는 안다. 나는 매우 긍정적인 사람이다.

'Am I generally a positive person? Or a negative person?'
I am aware that what kind of person I will become solely depends on my daily training and habits. I am a highly positive person.

쓰고 닮기

'내가 하는 말과 행동은 절대적으로 옳다'라고 하는 건 위험한 생각입니다.
늘 받아들일 수 있다는 열린 마음을 가질 수 있어야만 우리는 매일 매일 한
뼘씩 성장해 갈 수 있습니다.

나도 언제든 틀릴 수 있다는 사실을 인정한다. 그것은 타인을 온전하게 받아들이게 한다. 나는 진정으로 강한 사람이다.

I acknowledge the fact that I can make mistakes at any time too. Embracing this reality allows me to fully accept others. I am truly a strong person.

쓰고 담기

....

....

....

....

....

....

....

단순히 노력하는 것만으로는 충분하지 않을 때도 있으며, 이런 경우 실망하고 좌절감에 빠질 수 있습니다. 하지만 절대 포기하지 않는다면, 실패와 고난을 이겨낼 수 있는 힘을 갖출 수 있으며, 마침내 우리가 추구하는 목표를 달성할 수 있습니다. 포기하지 않는 한 원하는 그것은 내 것이 됩니다.

'절대, 절대, 절대 포기하지 마라' – 윈스턴 처칠

나는 어떤 일을 시작하고자 할 때 크게 소리 내어 외친다. 그러면 나의 의지, 결심과 열정은 머릿속으로 생각했을 때보다 훨씬 더 강력해 진다. 나는 나의 일을 사랑한다.

'Never, never, never give up.' –*Winston Churchill*

When I want to start something, I shout it out loud. My determination, resolution, and passion become much stronger than when I simply think about it in my mind. I love what I do.

쓰고 담기

긍정적인 마인드와 태도는 우리의 인생에서 매우 중요한 역할을 합니다. 우리의 생각과 태도는 우리가 향하는 방향과 그 결과를 크게 좌우하기 때문입니다. '긍정적인 마인드와 태도' 스위치를 'ON' 하세요.

부정적인 의식을 지닌 채 말하거나 행동하면, 고통이 따르고, 긍정적인 의식을 지닌 채 말하거나 행동하면 기쁨이 따른다. 고로 나에게는 항상 기쁨이 따르고 있다.

With a negative mindset, speaking or acting can lead to pain, while with a positive mindset, it brings joy. Therefore, joy always follows me because I choose to speak and act with positivity.

쓰고 담기

....

....

....

....

....

....

....

이루고 싶은 꿈이 많아지자 나에게는 시간을 만드는 게 관건이었고, 그것을 새벽 기상에서 찾을 수 있었습니다. 마침내 새벽 기상을 통해 나의 염원들을 하나씩 하나씩 이뤄나가고 있습니다. 새벽 기상은 내 삶에 있어서 '신의 한 수'였습니다.

'오늘 걷지 않으면 내일 뛰어야 한다. 지금 잠을 자면 꿈을 꾸지만 잠을 자지 않으면 꿈을 이룬다.' - 도스토옙스키.

꾸준한 새벽기상을 통해 나의 꿈은 착실히 이뤄져가고 있다. 나는 의지가 강한 사람이다.

'If you don't walk today, you will have to run tomorrow. If I sleep now, I'll dream, but if I don't sleep, I'll achieve my dreams.' – Dostoevsky

My dreams are steadily coming true through consistent early morning awakenings. I am a strong.

쓰고 닦기

....

....

....

....

물에게서 배웁니다. '막혔을 때는 돌아가야 한다.'는 것을.

어찌보면 그것이 더 빨리 가는 길이 될 수도 있음을.

세상만사 내 뜻대로 되지 않을 때가 많다. 막힐 때는 돌아가는 지혜를 가져야 한다. 때로는 한 보 전진보다 일 보 후퇴가 더 이로울 때가 있다는 걸 너무나도 잘 아는 나는 세상을 운용할 줄 아는 사람이다.

In this world, things often don't go as I wish. When I encounter obstacles, I need to have the wisdom to step back and reconsider. Sometimes, taking one step back can be more beneficial than rushing forward. As a person who knows this well, I am a person capable of navigating through the world.

쓰고 담기

....

....

....

....

....

....

풍요로운 삶을 사는 이들은 '부지런한 근성'이라는 공통 인자를 가지고 있습니다. '내 삶이 도대체 나아지는 게 없어…'라고 생각이 드신다면?

둘러보아야 합니다. 생각하는 바를 실행으로 옮기기까지 많은 시간이 소요되진 않는지, 그것이 결국 실행해 볼 기회조차 갖지 못한 채 우주 속으로 사라져버린 건 아닌지… 어쩌면 '게으름의 인자'가 오랜기간 내 안에서 똬리를 틀고 있었는지도 모릅니다.

매사에 부지런히 일하는 나의 삶은 항상 풍요롭다.

My diligent efforts in everything make my life always abundant.

쓰고 담기

자신의 노력과 능력을 바탕으로 미래를 준비하면 예상치 못한 기회가 찾아옵니다. 준비가 되어 있지 않은 사람은 기회가 와도 이를 인식하지 못하거나, 제대로 대처하지 못할 가능성이 높습니다.

'때를 얻은 자는 성하고, 때를 잃는 자는 망한다.' - 열자

누구에게나 어떠한 일을 해결하기에 적절한 때가 오기 마련이다. 그 때는 준비된 자에겐 보일 것이요, 준비되지 않는 자에겐 마땅히 보이지 않을 것이다. 나는 나에게 오는 기회를 잡기 위해 늘 준비하는 사람이다.

Those who seize the right moment will prosper, and those who miss the right moment will fail. —Yeolja

For everyone, there comes a right time to resolve various matters. That time will be visible to the prepared, but it won't be apparent to the unprepared. I am a person who always prepares to seize the opportunities that come my way.

쓰고 담기

성급한 행동은 많은 위험성을 내포합니다. 일을 그르치지 않고 성공적으로
수행하기 위해서는 충분한 시간을 투자하는 것이 필요합니다.

'물이 고요하다고 해서 악어가 없다고 생각하지 말라.' – 말레이시아 격언

매사에 신중함을 기해야 한다. 성급하게 하다보면 일을 그르치게 된다. 나는 긴박할 때일수록 침착함을 가질 줄 아는 사람이다.

'Do not assume there are no crocodiles just because the water is calm.' – Malay Proverb

In everything, one must be cautious. Acting hastily can lead to mistakes. I am a person who knows how to remain calm, especially in urgent situations.

쓰고 담기

'당당하고 뻔뻔하게
살기로 한 나'

5장

'있는 그대로의 나'를 사랑하라

과거에는 상대의 의견을 무조건적으로 수용해주고 따라주는 것을 미덕이라
여겼던 적이 있었습니다. 그것이 진정 상대를 위한 길만은 아니었음을 중년
후반이 되고서야 깨닫게 되었네요.

때로는 "아니오"라고 과감하게 말하세요. 내 자신을 지켜주는 이는 바로 '나'
입니다.

나는 어떤 상황 속에서도 그것에 끌려가지 않고 최선의 선택을 할
수 있는 지혜로운 사람이다.

*I am a wise person who can make the best choices without
being swayed by any situation.*

✒ 쓰고 담기

우리 자신의 능력과 잠재력을 발견하고, 자신의 유일무이한 성격과 경험을
바탕으로 새로운 것을 창조할 수 있는 우리는 아주 특별한 존재입니다.

나는 세상에 단 하나밖에 없는 유일무이한 귀한 존재이다.

I am a unique and precious being in the world.

쓰고 담기

안전지대에서 머무르기를 원하는 사람들은'도전과 모험의 연속선상에서만
살아야 한다.'라고 하면 심각한 스트레스를 호소하게 될 것입니다. 하지만 마
음의 관점을 바꾸고 세상을 향해 작은 걸음 내딛기를 주저하지 않는다면 당
신은 놀라운 세상으로 안내받게 될 것입니다.

나는 모험과 도전을 통해 새로운 세상을 배우는 것을 즐기는 사람
이다.

I am a person who enjoys learning new worlds through
adventures and challenges.

쓰고 담기

....

....

....

....

....

....

....

....

뜨거운 열정은 쓰면 쓸수록 더 크게 생기는 것 같습니다. 아끼지 마세요. 우리 안에 있는 열정 에너지를…, 내 안에 원하는 것이 있다는 건 행복한 일입니다. 내 안에 열정 에너지를 부을 수 있는 뜨거운 그릇이 있다는 건 축복받은 일입니다.

나는 내가 원하고 바라는 일에 정열을 아끼지 않는 가슴이 뜨거운
사람이다

*I am a person with a passionate heart who does not spare any
zeal for what I desire and long for.*

누구나 기분이 평안할 수는 없습니다. 내외적인 이유로 인하여 우리네 감정
은 오르내리기를 반복할 수 있습니다. 한국의 조선 시대 사상가인 이황은 "천
하에 일을 한다면 평정심을 가지라"는 말을 했습니다. 이는 사회적 관계 속에
서 일어나는 모든 일에 대해 차분하고 안정된 마음가짐을 가져야 한다는 것
을 뜻합니다. 순간순간의 감정에 일희일비하는 마음을 잘 다스려야 합니다.

나는 기분이 다운될 때면 메타인지를 활용하여 나의 기분을 읽을
줄 아는 사람이다.

*I am a person who can utilize metacognition to read and
understand my own emotions when I feel down.*

쓰고 담기

자신이 계획했던 목표를 늘 기억하고, 제대로 잘 진행되어가고 있는지 중간 중간 확인하는 과정은 중요합니다. 누구나가 연초에 많은 계획들을 세우지만 끝까지 완주하지 못하고 포기하게 되는 건 자신이 세운 목표를 잊어버리기 때문이죠. 눈에 보이는 곳에 비치해두고 수시로 내가 적어둔 목표를 상기하는 과정이 필요합니다.

'보물지도'만들기를 추천해 봅니다.(유튜브 채널명: 조안아카데미>>재생목록>> 습관만들기)

나는 나의 목표에 대해서 늘 생각하고, 길을 잃지 않기 위해 수시로 나의 현주소를 생각할 줄 아는 사람이다.

I am a person who constantly thinks about my goals and knows how to periodically reflect on my current state of mind to avoid losing my way.

쓰고 담기

나이가 들어갈수록 자신의 얼굴에 책임을 져야한다는 것을 더 깊게 느끼게 됩니다. 제 아무리 외모가 준수하다 하더라도 얼굴 표정에서 풍겨 나오는 품성의 향기는 인위적으로 만들어 낼 수 있는 게 아닌 듯합니다. 내면의 나를 가꾸는 일에 소홀히 하지 말아야 하는 이유가 여기에 있습니다.

나는 사람들의 겉모습보다 내면의 아름다움이 더 소중하다는 것을
아는 사람이다.

*I am a person who knows that inner beauty is more precious
than the outward appearance of people.*

누구나 완벽하지는 않습니다. 내 안에 있는 허물과 못난 점을 쉬이 받아들이고 인정할 수 있을 때 우리 안에 발전과 성장을 초대할 수가 있습니다. 혹자는 자신의 부족한 점을 남에게 얘기하는 것에 대해서 철저히 관리합니다. 그러다가 우연찮게 오픈이 되는 날엔 심한 수치심에 몸둘바를 몰라 합니다. 당당하게 얘기하고 부족한 부분은 채우려하는 용기를 보여줄 때 상대에게 공감을 끌어올 수 있습니다. 있는 그대로의 나를 사랑해 보아요.

나는 내 안에 있는 모든 것들을 있는 그대로 받아들이고 사랑할 줄
아는 사람이다.

*I am a person who knows how to accept and love everything
in me as it is.*

쓰고 담기

남의 시선에 아랑곳하지 않고 나의 소신대로 살아간다는 것!
용기가 필요한 일입니다. 이 또한 훈련을 하게 된다면 습관처럼 자연스럽게
내 몸에서 배어나오게 할 수 있습니다. 삶의 만족도를 밖이 아닌 안에서부터
채워나가고자 하는 마음, 이거면 충분합니다.

나는 누가 알아주거나 인정해주지 않아도 나의 일을 소신껏 사랑
할 줄 아는 사람이다.

I am a person who knows how to love my work wholeheartedly,
even if no one knows or acknowledges me.

쓰고 담기

실패를 두려워하지 말아야 합니다. 실패를 해야만 비로소 나의 상황을 이해할 수 있습니다. 실패를 해야만 나의 부족한 점을 정확히 파악하고 제대로 채워 넣을 수 있습니다. 실패 앞에서도 당당해져야 합니다. 더 큰 걸음을 내딛기 위한 미션임을 감사히 받아들여야 합니다. 나는 나의 실패를 사랑합니다.

나는 실패해도 언제든 다시 일어설 줄 아는 사람이다.

I am a person who can always rise again, even if I fail.

쓰고 담기

내가 나를 진정으로 아끼고 챙길 줄 아는 사람이 되기까지 시간이 필요했습니다. 나보다는 남을 먼저 챙기는 것을 미덕이라 여기며 살아왔었으니까요. 나를 챙기는 마음, 남을 챙기는 마음에 대한 간격은 적절하게 유지되어야 함을 이제라도 알게 되었으니 얼마나 감사한 일입니까. 남을 챙기는 마음만큼 나를 살피는 마음, 중요합니다. 내가 건강하고 행복해야 그 바이러스를 그대로 남에게 전해줄 수 있는 것입니다.

나는 내 삶을 사랑한다, 내 삶은 나를 사랑한다. 나는 나를 진정으로 아끼고 챙길 줄 아는 사람이다.

I love my life, and my life loves me. I am a person who genuinely cherishes and takes care of myself.

쓰고 답기

나는 내 안에 있는 열정과 줄다리기를 비교적 잘하는 편입니다. 업무의 과부하가 생겼다 싶을 땐 몸에서 신호를 보내옵니다. 나는 그 신호에 적극적으로 응대할 줄 압니다. 나이가 들어갈수록 우리는 몸에서 오는 반응을 둔하게 대하는 경우가 더러 있습니다. '소 잃고 외양간 고치는 일'은 없어야겠죠.

나는 꿈을 이루기 위해 정열을 쏟을 줄 아는 열정적인 사람이지만,
가끔은 나를 위해 '쉼'을 줄 줄도 아는 '자기 애호가'이다.

*I am a passionate person who knows how to pour my
enthusiasm to achieve my dreams. However, I am a 'self-
lover' who knows how to 'rest' for me.*

쓰고 담기

누구나가 가지고 있는 장점들은 많습니다. 그러나 자신이 가지고 있는 장점에 대해 이야기해보라 하면 "잘 모르겠다"고 답하는 이들이 많습니다. 지나치게 겸손하기 때문일까요? 아니면 정말로 자신이 그렇게 생각하기 때문일까요? 스스로를 평가하고 칭찬하는 데 있어서 굉장히 관대한 사람이 있는 반면 지나칠 정도로 엄격하게 기준치가 높아서 좀처럼 자신에게 칭찬하는 일이 드문 이가 있습니다. 여러분들은 자신에게 어떤 유형인가요?

내가 가진 단점보다 장점에 관심을 기울이고, 그것에 더 집중할 줄
아는 사람이다.

*I am a person who focuses on my strengths rather than my
weaknesses and knows how to concentrate on them more.*

쓰고 담기

....

....

....

....

....

....

....

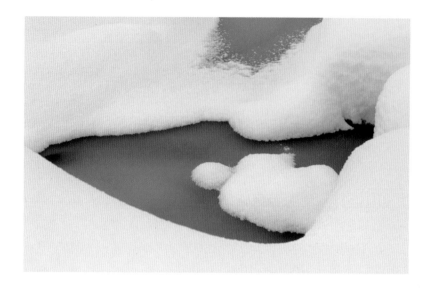

자신이 무엇을 좋아하고 무엇을 했을 때 행복해하는지를 모르는 사람은 안타까운 사람입니다. 가끔은 나에게 선물도 주고 칭찬도 해주면서 사랑을 표현해야 합니다. 그 어떤 이보다도 나에게 받는 사랑이 가장 값진 일이니까요.

나는 내가 무엇을 좋아하고, 어떤 일을 했을 때 행복해 하는지를
잘 아는 사람이다.

*I am a person who knows well what I like and what makes
me happy when I do something.*

✒ 쓰고 담기

....

....

....

....

....

....

....

....

모든 삶의 근력은 내가 나를 인정하고 있는 그대로의 모습을 받아들이는 데서 시작됩니다. 내 안의 나에게 칭찬을 많이 해주세요. 여러분들은 지금 충분히 잘하고 계시는 겁니다.

나는 평소에 거울에 비친 나의 모습을 보며 자랑스러워한다. '나는 (조안 쌤), 잘하고 있어. 역시 최고야'라고 나에게 말해줄 줄 아는 사람이다.

I am proud of myself when I see myself in the mirror. I am a person who tells me "You're doing great. You're the best".

쓰고 담기

누구보다도 나는 나를 아낄 줄 압니다.

누구보다도 나는 나를 살필 줄 압니다.

누구보다도 나는 나를 고마워합니다.

누구보다도 나는 내가 참 좋습니다.

나는 내 안의 울림에 귀 기울일 줄 아는 사람이다.

I am a person who knows how to listen to the echoes within me.

인간이기 때문에 누구나 실수할 수 있습니다. 저는 비교적 제 자신의 실수에 대해서 너그러운 편입니다. 실수를 했을 때마다 저는 성장할 수 있었으니까요. 실수를 했을 때의 부끄러움과 난처함을 두려워하게 되면 나의 삶을 제대로 살아갈 수가 없습니다. 실수 앞에 당당해지자구요.

나는 나의 실수에도 너그러이 웃을 수 있는 사람이다 (나는 나의 실수는 언제든 있을 수 있음을 인정할 수 있는 사람이다.)

I am a person who can laugh at my own mistakes to move on (I am a person who can acknowledge the mistakes I have made to move forward).

쓰고 담기

오래 전 불의의 사고로 이 세상을 하직한 고향친구의 빈소에 다녀와야 했습
니다. 예기치 못한 사고였기에 너무나 큰 충격이었지요. 친구의 죽음으로 인
해 나의 오늘을 더 많이 사랑할 수 있었습니다. '우리의 오늘은 선물입니다.'

나는 '죽음'이 나를 다시 사랑해야 한다는 사실을 상기시켜 준다는 것을 아는 사람이다. '오늘은 선물이다.'

I am a person who is aware that 'death' reminds me to love myself. 'Today is given a gift'

쓰고 담기

....

....

....

....

....

....

....

....

내가 나를 사랑할 수 있어야 합니다. 타인은 아끼고 사랑하기를 기꺼이 하면서 정작 나에겐 인색한 이들이 의외로 많습니다.

나 자신에게 존중받지 못하고 사랑받지 못한다면 타인에게 또한 제대로 된 사랑을 받기는 어렵습니다. 나를 사랑하십시오.

나는 나를 사랑하므로 나는 온전하다. 그러므로 내가 걸어오고 앞으로 걸어갈 모든 길을 축복한다.

I am whole as I love myself. Therefore, I bless all the paths I have walked and the path I will walk.

우리가 스스로를 돕고 발전시키면 이를 통해 자신감을 쌓고 새로운 기회를 얻을 수 있습니다. 이는 자신을 사랑하고 존중하는 마음에서 비롯되어집니다. 자신을 마음껏 사랑하십시오. 자신을 마음껏 존중하십시오.

나는 나를 스스로 돕는 자이다. 스스로를 돕는 자가 되면 무엇이든 절로 얻게 된다는 것을 믿고 있다. 나는 나를 사랑한다.

I am a person who helps myself. I believe that by becoming someone who helps oneself, everything will naturally come to them. I love myself.

쓰고 담기

....

....

....

....

....

....

....

세상은 나의 관심을 필요로 하는 곳이 많지요. 좋은 것을 보고 좋은 생각만

을 하기에도 참 모자라는 시간입니다. 선물 같은 '오늘'을 마음껏 즐기고 감

사합시다!

나의 관심이 가는 곳에 나의 긍정 에너지가 있고, 그 속엔 나의 인생이 있다. 선물 같은 오늘이 감사하다.

My positive energy resides where my interests lie, and within it, my life unfolds. Today, which feels like a gift, is filled with gratitude.

쓰고 담기

나의 모난 부분은 잘 보이지 않으면서 타인에게 있어서의 거친 부분은 왜 그
리 잘 보이는지요. 타인에게 시선을 돌리는 시간을 오롯이 나에게로 양보하
세요.

'자신을 아는 일이 가장 어렵고 다른 사람에게 충고하는 일이 가장 쉽다.' – 탈레스

오늘도 나에게 집중한다. 내 영혼의 울림에 귀를 기울인다.

'The hardest thing is to know yourself, and the easiest thing is to give advice to others.' – Thales

Today, I focus on myself again. I listen to the resonance of my soul.

쓰고 담기

....

....

....

....

....

....

나이가 들수록 자신의 얼굴에 책임을 질 수 있어야 합니다. 외적인 아름다움보다는 내적인 아름다움을 키우는데 더 집중해야 합니다. 내적인 아름다움을 통해 발현되어져 나오는 외면의 아름다움은 그 어떤 시술로도 대신할 수 없습니다.

'나이는 성숙해지기 위해 치르는 비싼 대가이다.' – 톰 스토파드

나는 내 얼굴을 책임질 줄 아는 사람이다.
나는 내 이마의 주름을 사랑한다.
나는 내 눈가의 주름을 사랑한다.
나는 내 입가의 주름을 사랑한다.

'Age is a high price to pay for maturity.' – Tom Stoppard

I am a person who takes responsibility for my face.
I love the wrinkles on my forehead.
I love the wrinkles around my eyes.
I love the wrinkles around my mouth.

쓰고 담기

....

....

....

....

청춘의 기준은 삶을 바라보는 열정의 온도에 있습니다. 100세가 되어도 자신의 삶을 열정적으로 계획하고 행동하는 사람은 청춘의 소유자입니다. 반면 20세 일지라도 꿈이 없고 삶에 대한 열정이 없는 자는 노년의 삶을 사는 것입니다. 당신은 전자인가요? 후자인가요?

'청춘이란 인생의 어느 기간을 말하는 것이 아니라 마음의 상태를 말한다. 나이를 먹는다고 해서 우리가 늙는 것은 아니다. 이상을 잃어버릴 때 비로소 늙는 것이다. 세월은 우리의 주름살을 늘게 하지만, 열정을 가진 마음을 시들게 하지는 못한다.' – 사무엘 울만

내 삶의 마지막 숨을 다하는 날까지 나는 청춘이다. 나의 삶은 열정 그 자체이며, 사랑이다.

'*Youth doesn't refer to a specific period in life; it signifies the state of one's heart. We don't grow old just because we age; we grow old when we lose our ideals. Time may add wrinkles to our skin, but it can never wither a heart filled with passion.*' – *Samuel Ullman*

쓰고 담기

....

....

....

....

내 삶의 행복한 루틴

산다는 것은 사랑하는 것입니다. 사랑한다는 것은 끊임없이 배우는 것입니다.
'꿈의 크기는 인생의 크기'입니다. "꿈이 있으면 얼마든지 나의 인생을 바꿀 수가 있습니다. 우리에게 필요한 건 변할 수 있다는 믿음과 멈추지 않는 노력뿐이다"라고 KAIST 이광형 총장은 말했습니다.

> 명확한 꿈을 세운 사람은 가장 고된 길에서도 앞으로 나아가지만 아무 꿈이 없는 사람은 가장 순탄한 길에서조차 포기하고 돌아서는 법이다. 내 꿈에 대해 누군가 왈가왈부해도 신경쓰지 말자. 꿈에 관한 한 지나치게 다른 사람의 목소리에 귀 기울이지 않는 편이 낫다. 내 인생을 이끌어 갈 지도를 다른 사람에게 그려달라고 할 수는 없지 않은가.　　　　　　　　〈우리는 모두 각자의 별에서 빛난다〉중에서

꿈을 갖고 그 꿈을 실현시키기 위해 살아간다는 건 낭만이 아닙니다. 지

극히 자신에 대한 예우입니다. 꿈은 인생의 나침반이 되고 숨 막히는 현실을 헤쳐 나갈 강력한 무기가 되어줍니다. 하나씩 하나씩 계획했던 꿈을 성취해 가는 기쁨은 나의 존귀함을 느끼게 합니다. 하루 24시간 중 최소한의 시간은 온전히 나에게 집중합시다. 매일 나에게 보내는 긍정확언은 그것을 가능케 해 줍니다. 나의 삶을 주인이 되게 살 수 있게 하며, 고갈되지 않는 에너지를 만들어 냅니다.

언젠가 딸아이에게 이런 말을 한 적이 있습니다. "경아야, 엄마 손에서 연필이 떨어져 내리는 순간 그 날은 엄마가 이 세상을 떠나는 날이 될 거야" In put과 Out put은 나의 꿈을 보조하기 위해 끊임없이 진행될 것입니다. 나의 수업을 들은 수강생들이 이구동성으로 하는 말이 있습니다. "조안쌤을 통해 건강한 에너지, 활력이 넘치는 긍정에너지를 만날 수 있어서 너무 좋았습니다."내 안에 있는 활력 에너지를 부모님으로부터 기본적으로 받고 자랐다고 생각했습니다. 그런데 곰곰이 생각해보니 거기에 추가된 하나가 더 있었습니다. '꿈의 존재'가 그것이었습니다. 아이를 낳고 엄마가 되면서 나에겐 '꿈'이란 것이 옷을 바꿔가며 늘 성장된 모습으로 함께 했었습니다. 나의 열정 에너지, 긍정 에너지를 만들어 내고 유지시켜 가는 근간이 되어가고 있었습니다. 그 불쏘시개 역할은 매일 나에게 보내는 '긍정확언'이 해내고 있었습니다. 하루 세 끼 식사를 거르지 않듯이 하루 세 번 나에게 보내는 긍정확언 하기는 내 삶의 행복한 루틴입니다.

괜찮아, 충분히 잘하고 있어

초판 1쇄 발행	2023년 10월 6일
지은이	김정미(조안쌤)
사진	김훈
영작	백영미
펴낸이	곽철식
디자인	임경선
마케팅	박미애
펴낸곳	다온북스
출판등록	2011년 8월 18일 제311-2011-44호
주 소	서울시 마포구 토정로 222 한국출판콘텐츠센터 313호
전 화	02-332-4972
팩 스	02-332-4872
이메일	daonb@naver.com

ISBN 979-11-93035-14-6 (03320)